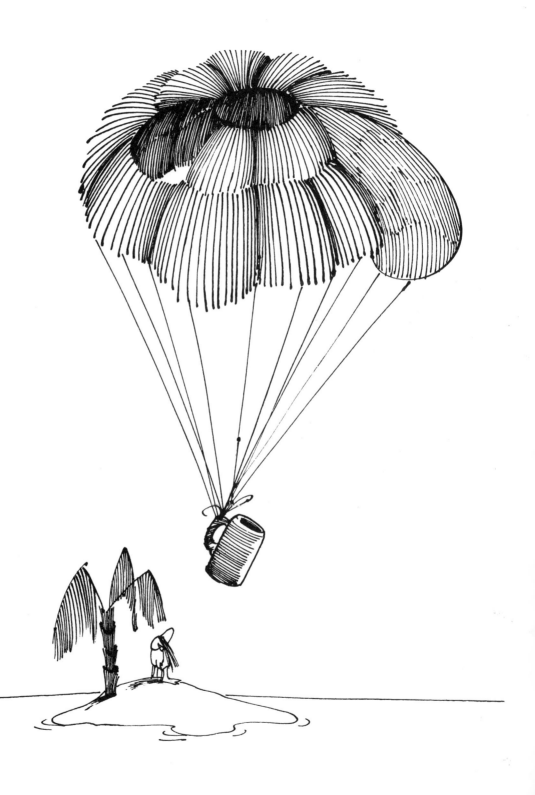

Helmut Zöpfl

I WÜNSCH DIR WAS...

heiter illustriert

Mit 73 Zeichnungen von
Josef Blaumeiser, Paul Flora, Ernst Hürlimann,
Helmuth Huth, Dieter Olaf Klama,
Trude Richter und Ivan Steiger

Rosenheimer

I wünsch Dir,

	Seite
○ daßd' lauter guate Nachrichten kriagst	6
○ daß all Deine Wünsche net Wünsche bloß bleibn	9
○ daßd' oiwei so jung bist, wiast Di fuist	11
○ daß alls in Deim Garten aufgeht und blüaht	15
○ daß 's wieder aufwärts geht	16
○ daß Di 's Lebn recht gfreut	18
○ daßd' ja zu Dir selber und andere sagst	19
○ a schöns Wetter im Urlaub, Erholung und Ruah	20
○ a nettes Programm, wennsd' mal 's Fernsehn einschaltst	23
○ daßd' jeden Tag von Herzen mal lachst	25
○ Verständnis für Di von de anderen Leut	26
○ an liaben Bsuach, der aa wieder geht	29
○ oan Pfenning mehra oiwei wiasd' brauchst	30
○ daßd' Dir den Fuaß net verstauchst	31
○ daßd' vor lauter Bäum an Wald no erkennst	34
○ daßd' Di net bei der Arbat derrennst	35
○ a bisserl Geduid	37
○ vui Fantasie	38
○ daß Di alle so liab finden wia i	39
○ daßd' bei allem Schlimmen an Ausweg entdeckst	42
○ daßd' mit Deim Frohsinn vui Menschen osteckst	43

○ _____

○ _____

○ _____

I wünsch Dir,

- a gmüatliche Wohnung, wo ma wohl se drin fuit — 44
- bei Examen und Prüfung vui Hirn und Verstand — 47
- net allzu vui Ärger mit der Bürokratie — 48
- für alle Fälle a guate Idee — 50
- zum Feste feiern öfter an Grund — 56
- vui Freund, genau von Deim Schlag — 60
- daß mir guate Freund bleibn — 61
- gnua Platz für Di und für mi — 62
- daßd' schnell gsund wirst — 64
- a bisserl a Glück — 66
- daßd' an Tag guat anfangst — 68
- a freundliches Lächeln von an liabn Menschen — 70
- daß Ihr zwoa guat zsammpaßt — 72
- daßd' a scheens Lebn hast, kloana Erdnbürger — 74
- alles Gute zur Taufe — 78
- alles Gute zur Pensionierung — 80
- an schönen Urlaub — 84
- gnua Zeit für alles Schöne im Lebn — 86
- alles Gute zum neuen Jahr — 88
- alles Gute zum Geburtstag — 90
- alles Gute zum Namenstag — 92
- _____
- _____
- _____

I wünsch dir was …

Bei jeder Post aa an Briaf, der di gfreut,
an netten Anruf zur richtigen Zeit,

daß oft dei Verein beim Fuaßballspui gwinnt
und daß bloß dei guats Horoskop oiwei stimmt,

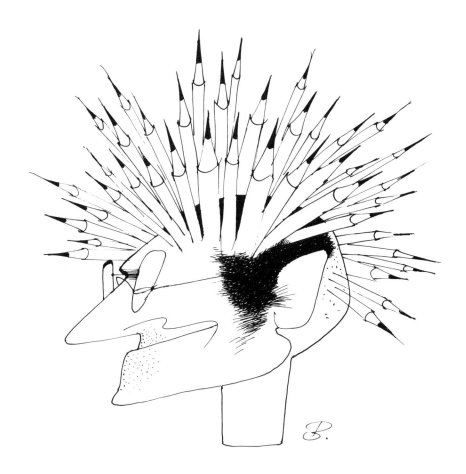

an zünftigen Einfall fürs Gäste-Buach-Schreibn,

daß all deine Wünsche net Wünsche bloß bleibn,

daßd' oiwei so jung bist, so jung wiast di fuist,
und daßd' di net ärgerst, wennst beim Schafkopf verspuist.

Vui Stoapuiz beim Schwammerlsuacha im Wald,

a Auterl, des ospringt, is aa no aa so kalt,

a Bankerl zum Ausruahn, wennst bist amal müad,

daß alls in deim Garten aufgeht und blüaht,

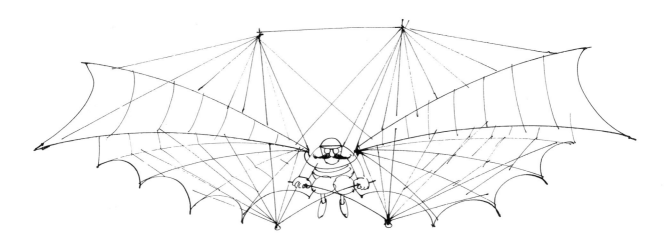

daß allerwei wieder aufwärts halt geht,
an Wind, der die grauen Wolken verweht.

Daß di 's Lebn recht gfreut, was aa oiwei passiert,
a greane Ampel, wenn's dir pressiert,

daßd' ja zu dir selber und andere sagst
und daßd' net ständig dei Schicksal beklagst.

Schöns Wetter im Urlaub, Erholung und Ruah,

a Stimmung, a guate, aa am Montag scho fruah,

an Zehner beim Schiaßn, beim Kegln an Kranz,
a vierblattrigs Kleeblattl, koan Korb bei am Tanz,

a nettes Programm, wennsd' mal 's Fernsehn einschaltst,
a zünftige Gesellschaft, wosd' di guat unterhaltst,

a gmüatliche Brotzeit an am gmüatlichn Fleck,
an schönen Spaziergang auf am ganz staadn Weg,

daßd' jeden Tag von Herzen mal lachst
und daßd' net zwengs allem glei Sorgn dir machst.

Verständnis für di von de anderen Leut,
a versöhnendes Wort, des du findst bei am Streit.

An bisserl an Schattn, wenn d'Sonna recht brennt,
an Regnschirm, wenn's grad amal Schuasterbuam regnt.

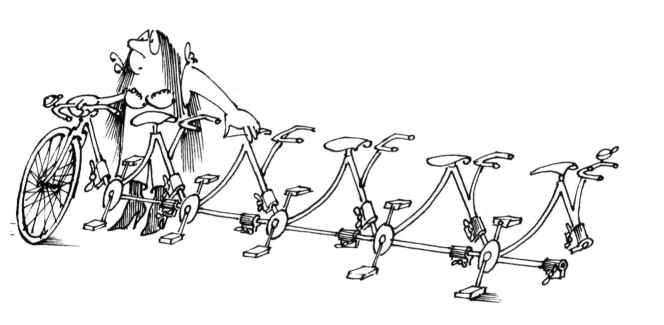

A liaber Bsuach, der aa wieder geht,
a Bekanntschaft, a nette, de bayrisch versteht.

Oan Pfenning mehra oiwei wiasd' brauchst,

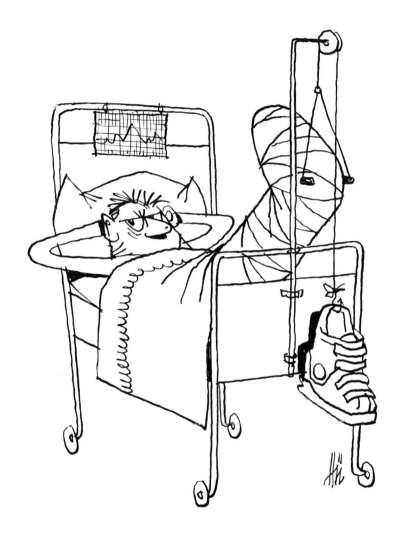

und daßd' dir beim Schifahrn dein Fuaß net verstauchst.

Daß ma hi und da mal dei Leibspeis serviert,

a spannendes Buach, in dem se was rüahrt,

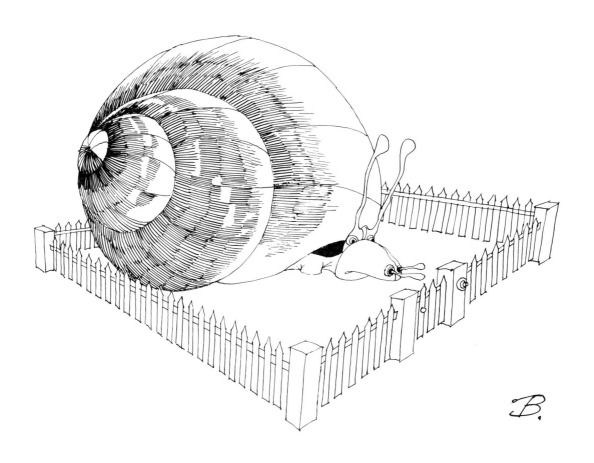

daßd' vor lauter Bäum an Wald no erkennst

und daßd' di aa net bei der Arbat derrennst,

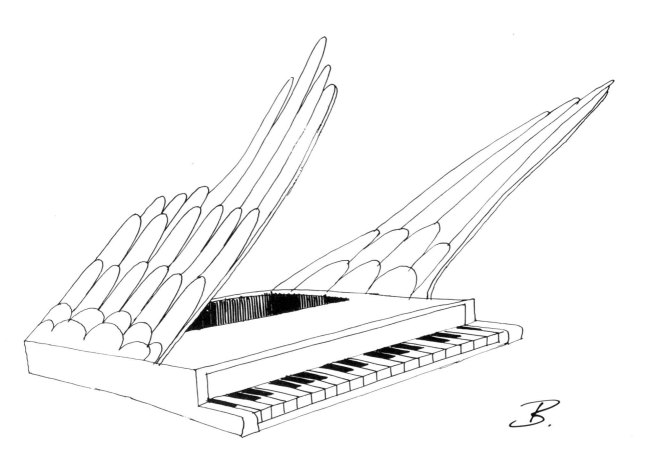

daß der Radio oft dei Lieblingslied spuit,

mit mir und de andern a bisserl Geduid.

Wenn's dir langweilig wern daad, vui Fantasie,

daß di alle so liab findn grad so wia i,

daß du mit nette Leut zammawohnst,

daßd' vui no erlebst, wost Dankscheen sagn konnst.

Daß d' bei allem Schlimmen an Ausweg entdeckst

und daßd' mit deim Frohsinn vui Menschen osteckst.

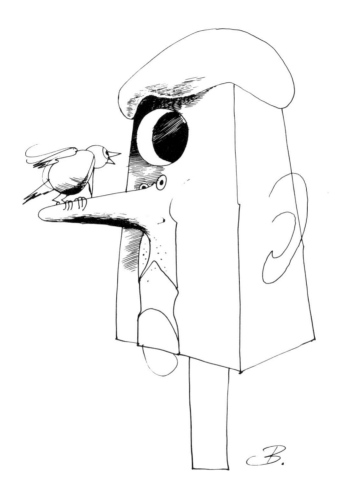

A gmüatliche Wohnung, wo ma wohl se drin fuit,

und für de Wänd' drin a bsonders schöns Buid.

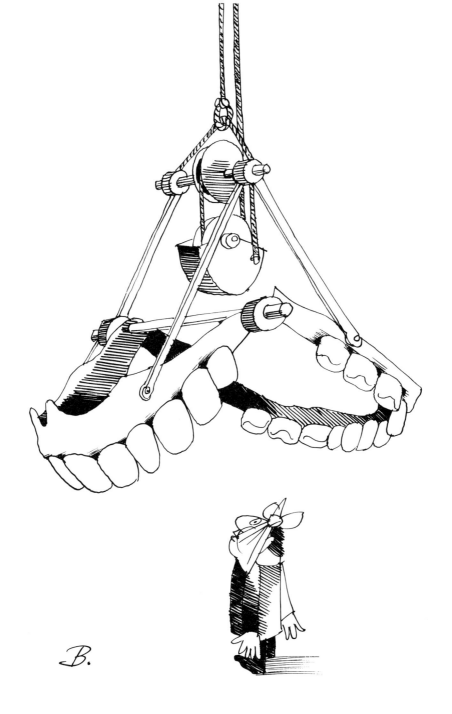

Deim Zahnarzt beim Zahnziagn a glückliche Hand,

bei Examen und Prüfung vui Hirn und Verstand.

Net allzu vui Ärger mit der Bürokratie,

an Ausflug vom Alltag an dein Lieblingsplatz hi,

für alle Fälle a guate Idee,

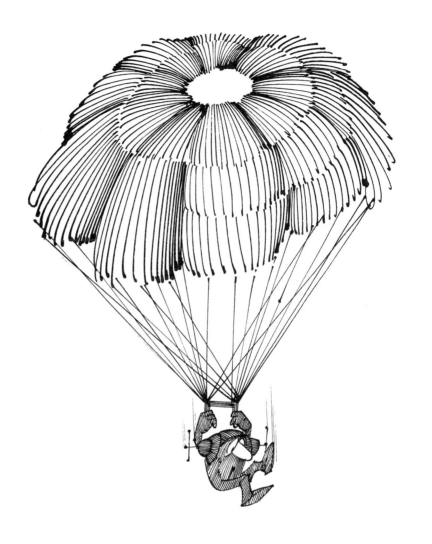

a weiche Landung nach deim Flug in de Höh'.

Humor, Optimismus und a rosane Bruin,
a Opernkartn, wenns dei Lieblingsstück spuin,

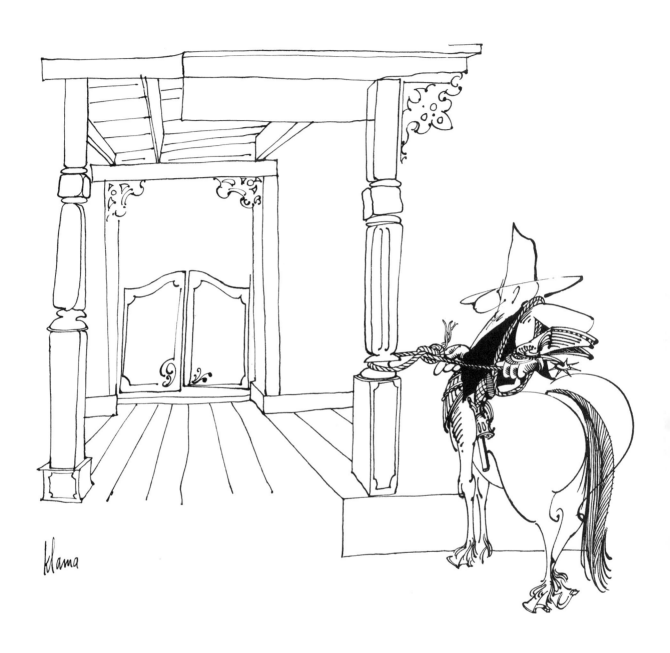

a Wirtschaft, a nette, a grüabigs Lokal,
wennsd' zum Einkehrn grad Lust hast irgendwann wo amal.

Daß in „besonderen Fällen", wia's a lauft, wia's a kimmt,

der „Service" gscheit hihaut, damit alls wieder stimmt.

Zum Feste feiern öfter an Grund,
vui Freud mit de Viecherl, deim Goldfisch, …

... deim Hund.

Unter de Füaß allerwei no an Grund
und oft in deim Lebn a Minutn, a Stund,

da wost dir denkst, mein Gott, is des schee,
Zeit, dua ma oan Gfalln, geh weiter, bleib steh.

Vui Freund für di genau von deim Schlag,
und daßd' nia vergißt, wia gern i di mag;

daß mir Freund bleibn so guate, wünsch i z'letzt dir,
des wünsch aber bsonders von dir aa i mir.

Parkplatz Glück

I lauf bestimmt net ewig rum
auf meim Parkplatz, dem kloana Planet.
I woaß, irgendwann is mei Parkzeit rum,
mei Parkuhr lauft ab mal und steht.

Da Zoager laßt se net ruckwärts drahn,
er ist auf d'Sekundn gnau gstellt.
Es huift nix, aa wenn i's versuacha daad dann,
und neiwerfat no su vui Geld.

Was nutzts, wenn ma drüber bloß nachstudiern,
wenn ma doch nix ändern dro konn.
Laß mas laufa de Parkuhr, wias lauft, und probiern,
an Parkplatz z'kriagn in der Sonn.

Und ruck ma a wengerl enger aa zsamm,
laß ma aa de andern Leut hi!
A jeds kannt an Parkplatz an sonnign ham.
Gnua Platz gibts für mi und für di.

Gute Genesungswünsche

Jede Wolkn ziagt mal weiter,
und de Sonn spitzt wieder raus.
Nix hängt bloß nach oaner Seitn,
aa des Ärgste is mal aus.

In an no so dunkln Keller
leucht amal a Liachtl nei.
Und du woaßt: Auf jedn Winter
kimmt bestimmt der nächste Mai.

Versuach aus allm as Beste z'macha
und tua bittschön net verzagn!
„'s geht scho aufwärts", hat der Spatz gsagt,
den d'Katz am Baam hat aufetragn.

I wünsch dir von ganzem Herzn,
daß dei Gsundheit wiederkehrt,
und i druck dir fest an Daumen,
daß scho bald alls wieder werd.

Wünsche

Alles Guate und Schöne,
des wünsch i dir heut
für jetzt und für morgn
und de übrige Zeit:

An Freund, der da is,
wenn ma oan braucht,
a guats Wörterl von jemand,
wenns di oamal recht schlaucht.

As richtige Gspür
für all des, was kimmt,
daß im Guatn wia Schlechtn
dei Augnmaß stimmt.

A offenes Aug
für de Freudn am Weg,
des überall no
was Schöns drin entdeckt.

A bisserl a Glück,
vui Gsundheit und Zeit,
desd' hast für di selber
und de anderen Leut.

A Zui für dei Lebn,
wost niamals verlierst,
und daßd', was aa passiert,
an Sinn drinna spürst.

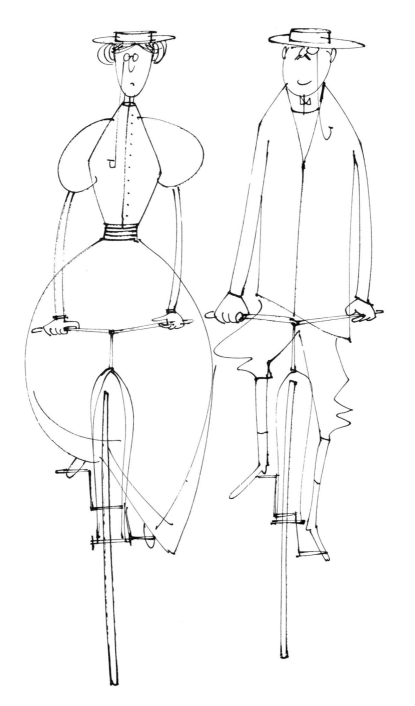

I wünsch dir,
daßd' an Tag guat ofangst

De oana ham fruah,
wenns aufstehn, scho gnua,
fangt der Tag aa bloß o,
na stinkta eahna scho.
Drum Leutl, seids gscheit,
ob d'Sonn scheint, obs schneit,
ob voll Wolkn alls hängt,
obs Schuasterbuam rengt,
wia s'Wetter sei mag,
gfreuts euch an dem Tag
denn:
ärgerts euch zwegn
de Wolkn, dem Regn,
es rengt trotzdem leider
genau aaso weiter.
Bloß ihr habts an Schadn,
ihr seids grantig und gladn
den Tag früah bis spät.
Drum gfreuts euch,
wenns geht,
weil s'Gfreun mehra bringt,
wia wenn er euch stinkt.

Wiara Regnbogn

Wiara Regnbogn, der se bunt übers Land
als a freundlicher Gruaß nachm Regn rüberspannt
und Sonna und neues Lebn verkündt,
wiara Bruckn, de Ufer mit Ufer verbindt,
de vereint, was drübn und herübn alles lebt,
wiara Papp, der wo an Riß zsammaklebt,

wiara Straß, wiara Gassn, a Weg, wiara Pfad,
de zsammafüahrn, was zsammkomma mag,
grad aaso konn a freundliches Lächeln aa sei,
des Menschen oft zsammbringt im Augenblick glei.
's is de schnellste Verbindung zwischen de Leut.
Probiers amal aus, am besten no heut!

Wünsche zur Hochzeit

Wia as Tüpferl aufs i,
wia a Bruin ins Etui,
wia in d'Kirchn der Chor,
wia der Fuaßball ins Tor,
wia der Deckel aufn Topf,
wia der Huat aufn Kopf,
wias Wasser in d'Quelln,
wia im Bach de Forelln,
wia der Müller in d'Muih,
wia der Lehrer in d'Schui,
wia in d'Muatter a Schraubn,
wia in Kobel de Taubn,
wia der Schlüssel ins Schloß,
wia der Sattel aufs Roß,
wia zum Hirschn as Gweih,
wia zum Schnupfa der Schmai,
wia der Dotter ins Oa,
so sollts aa ihr zwoa
zsammpaßn allzeit.
Des wünsch i euch heut.

Zur Geburt

Grüaß di Gott auf der Welt,
i gratulier dir zum Lebn,
dem schönsten Geschenk,
des uns Menschen is gebn.

Werst sehng 's is ganz schee
auf unserm Planet,
aa wenn no net alls
zum besten dort steht.

I wünsch auf dem Stern dir
vui Glück und vui Freud
und hoff, daß der Schritt
nei ins Leben di nia reut.

Ruah di ruhig zerst mal aus
und nutz no de Zeit,
gfreu di am Kindsei
und gfreu di am Heut!

I wünsch dir fürs Schöne
an richtigen Blick,
a Hand, a schnelle,
de zuapackt beim Glück.

Guate Augn für d'Menschen
und d'Sachn, wias san,
und zum Drüber-mal-Wegschaun,
wenns grad is, irgendwann.

Deine Eltern und Lehrer
wünsch Geduid i scho heut
und aa a Gedächtnis
z'ruck an de eigene Zeit.

Und für de spätere Schuizeit
wünsch i dir fest,
daß koan Numerus clausus
und koan Übertrittstest

und koa Mengenlehre
mehr gibt dann dawei
und nix anders Gspinnerts
de Pädagogn fallt ei.

Daß no Maikäfer gibt,
daßd' no Platz hast zum Spuin,
zum Fangsterl, Verstecksterl
und auf Blechtaubn zuin.

Daß' no Flüss' und Seen gibt,
wo ma badn drin ko
und im Wald hin und wieder
aa Stoapuizl no.

Daß de Menschheit vielleicht
se doch amal bsinnt
und an Friedn vui schöner
wias Kriagsfüahrn na findt.

An Freund, an guatn,
wennst am Wegsuacha bist
und daßd' übern unt' Suacha
net nach obn z'schaun vergißt.

Zur Taufe

Vui Stundn, vui bunte grad aaso schee,
daß d' sagn möchst: Geh weiter, Zeit, bleib doch steh,
an deim Lebn, deim Land und de Menschn vui Freud,
für alles, was guat ist, a Gspür und vui Zeit,
vui lustige Einfäll, daß, was aa passiert,
dei Lebn koa Sekundn dir langweilig wird,
guate Freund, de mit dir durch dick und dünn gehn,
und Lehrer, de wo aa an Gspaß mal verstehn,
a Zuatraun, a fests, daß alles am End
se irgendwann zum Guatn doch wendt,
ganz bsonders dazua Gottes Segen und Gnad
das wünschen zur Tauf dir Eltern und Pat'.

Beste Wünsche zur Pensionierung

In fünfazwanzg Jahr und zwoarazwanzg Tag,
da geh i endli genau aufn Schlag,
des kann i euch sagn, da gfreu i mi scho,
wenn nix mehr passiert, in mei Pension.
In fünfazwanzg Jahr und zwoarazwanzg Tag,
da kann i bloß des doa, was i grad mag:
In der Fruah, wenns mir paßt, im Bett drin liegnbleibn,
nachm Aufsteh a wengerl an Frühsport no treibn,
damit ganz gwiß aa der bayrische Staat
no möglichst lang sei Freud an mir hat.
Am Karl May wer i dann all seine Bänd
(vom „Wilden Kurdistan" bis zum „Old Shatterhand")
in Ruah nomal lesn bei am Schalerl Kaffee,
an am Regntag ins Deutsche Museum neigeh,
Zeitung durchfiesln von vorn bis ganz hint,
und wenn i was Bsonders, des se heut grad duad, find,
mit der Pensionistnkartn in d'Stadt einefahrn,
dabeisei und zuschaugn bei irgendam Schmarrn:
Wenn was eröffnet und eigwieht werd wo,
und der Burgermoaster zapft dabei o,
wenn wo irgend a seltener Heiliger redt,
daß am 17. Mai endli d'Welt untergeht,
in de Gschäfter in der Stadt rummaschiern
und aa, wenn i nix kauf, de Preise studiern.

Eisstockschiaßn am Kanal oder See,
beim Viktualienmarkt in dem kloana Café
in Illustrierten blattln a weng,
bei a Grichtsverhandlung nachm Rechtn seng.
In Kripperlmarkt geh und in d'Auerduit,
zuahörn, wenn am Altn Peter d'Turmmusi spuit.
Auf am Bankerl wo hocka in aller Ruah,
a paar kloane Buam schaugn beim Fuaßballspuin zua.
Schaugn, ob i nomal de Schlupfwinkel find,
im Flaucher drunt, wo i gspuit hab als Kind.
Ins Fotoalbum Buidl neiklebn,
und a wengerl in der Erinnerung lebn.
Nachdenka übers Lebn und sein Sinn,
aa wenn i vielleicht net vui weiter da kimm.
Des doa, was i jetzt alls verschiab voller Hast,
weil mir d'Zeit de ganz Zeit koa Zeit dazua laßt.
Aber bis dahin san leider, wia grad scho gsagt,
no fünfazwanzg Jahr und zwoarazwanzg Tag.
Es dauert, des siehgst, no a Zeitlang bei mir.
Doch is', kaum zum glaubn, soweit scho bei dir.
Für d'Pensionierung wünsch i drum heut
dir a Gsundheit a guate, vui Glück und vui Freud.

Schöner Urlaubstag

A so a Tag wia heut is seltn.
Der laßt se durch koa Geld entgeltn.
Von so am Tag da konnst bloß traama,
da paßt von Anfang o alls zsamma.
Koa Wolkn, de vor d'Sonn se schiabat
und wo an blauen Himme trüabat.
Am liabstn daad i was erfindn:
a Schnur, an Strick zum Zeit obindn,
damit de Zeit a bisserl stehat,
a bisserl langsamer vergehat.
Doch is de Zeit mir z' schad fürs länga
zwengs der Erfindung nachzumdenka
oder zum Dichtn aa, werst lacha.
Auf den Tag brauchst koa Verserl macha,
weil der Tag für si selber spricht:
der Tag is selber a Gedicht.

Erst z'spät …

Es konn sei, daßd' wennst
an Platz recht guat kennst:
a Wiesn, a Fleckerl,
an Park, a schöns Eckerl
mit Bluma und Bäum,
a Bank, de zum Bleibn
zum Ausruahn schee staad
di eiladn daad,
daßd' da dort also, wennst
vorbeikimmst, bloß rennst,
daßd' achtst drauf koan Deut,
weilsd' dir nimmst net de Zeit.
Aber gsetzt jetzt amal,
es kommert der Fall,
des Platzerl, der Fleck,
de Wiesn, der Weg,
waarn gsperrt durch an Zaun
und du konnst bloß mehr schaun
von weitn jetzt nei,
na kannts sehr leicht sei,
daßd' nacha erst dort
entdeckst jetzt an Ort,
wos schee gwesn waar.
Wasd' versaamt hast, werd klar
erst beim Umschaun ins Zrück.
Grad aaso is mitm Glück:
Es waar oft net weit,
bloß ma nimmt se koa Zeit,
ma entdeckt's erst, wenns geht
also oft a weng z'spät.

Fürs neue Jahr

Zum neuen Jahr und aa sonst
für des, wasd' net ändern konnst,
wünsch i dir de rechte Geduid,
und dafür wenns amal guit,
was zum ändern, a kräftige Hand.
Und z'letzt aa no den Verstand,
der dir sagt des, was geht
oder aber aa net.

Zum Geburtstag:
Grund zum Feiern

Du, er und sie,
der ander und i,
ihr alle und mia,
koans konn was dafür,
daß mia irgendwann
as Lebn gschenkt kriagt ham.
Wenn der Großvater net
de Großmuatter hätt'
troffa halt grad
genau an dem Tag.
Wenn er oder sie
woanders waarn hi
wia, wo's ausgrechnet dann
zsammtroffa san,
daads di net und mi,
eahm net und sie,
daads koans von uns gebn,
koans waar am Lebn.
Koans von uns waar
da uma Haar.
Daß' aber di,
euch, uns und mi
trotzdem gibt, is a Freud.
Und des feiert ma heut.

Zum Namenstag

Zwar:
San andre alt genauso vui Jahr
und habn wia du braune Haar,
habn blonde, schwarze oder aa graue,
habn wia du grüne Augn oder blaue.
Zwar gibts bestimmt no mehr auf der Welt,
de wo bestimmt genauso vui Geld
oder weniger habn wia du, grad aa so.
Und ganz bestimmt lebt aa irgendwo
wer, der so dick is, so dünn, so kloa und so groß.
und dein Nama sogar hast du net alloa bloß.
Und trotzdem, trotzdem, wenn no so vui lebn,
de so hoaßn wia du, di duads oamal bloß gebn,
di bloß di, gibts oamal bloß jetzt und bloß heut,
net früahra, net später, bloß jetzt zu der Zeit.
Hör dein Nama, dann denk i net an sonst irgendwen,
denk an di bloß und freu mi, daß i di kenn.
Des alles, des wollt i dir ja scho lang
aber spätestens heut an deim Namenstag sagn.

Zum Autor:

Helmut Zöpfl wurde 1937 unter weißblauem Himmel geboren. Nach Promotion und Habilitation (1970) wurde er 1971 Professor an der Universität München, zeitweise war er auch Gastprofessor an den Universitäten Salzburg und Eichstätt. Die Aufnahme Zöpfl'scher Gedichte in deutsche Schulbücher haben den Dichter gleichsam zu einem anerkannten Vertreter der bayerischen Literatur gemacht.

Daß er zum Gedichteschreiben gekommen ist, verdankt er, wie er selber sagt, Sigi Sommer, der 1970 sein erstes Verserl in die Hand bekam und ihn zum Weitermachen ermunterte. Inzwischen hat er eine ganze Reihe liebenswerter Gedichtbände veröffentlicht: »Aber lebn, des möcht i bloß in Bayern«, »Bayrisch durchs Jahr«, »Das kleine Glück«, »Geh weiter, Zeit, bleib steh!« und »Zum G'sundlachen«. Darüber hinaus hat er auch einige pädagogische Fachbücher verfaßt.

Zu den Zeichnern:

Josef Blaumeister, zu Ludwigshafen geboren, war von frühesten Kindesbeinen an ein begeisterter Zeichner. Beflügelt durch den bekannten Tiermaler Professor Otto Dill, einen Freund seiner Eltern, brachte er schon als Kind Viecher aufs Papier. Nach der Ausbildung zum Grafiker und Designer (1952–55) eröffnete er 1956 ein Atelier für angewandte Kunst. Seitdem ist er unermüdlich zeichnerisch tätig.

Paul Flora, geboren 1922 in Glurns im Vintschgau als Untertan des Königs von Italien, war zeitweise auch Österreicher und Deutscher; heute ist er wieder Österreicher. Flora besuchte die Zeichenklasse Olaf Gulbranssons an der Münchner Kunstakademie; später hat er den Altmeister per Zufall kennengelernt. Etliche Jahre lang hat er für die Hamburger Wochenzeitung DIE ZEIT politische Karikaturen gefertigt, daneben hat er auch noch 17 eigene Bücher mit Zeichnungen vollgemacht. Er ist kein besonders heiterer Mensch, und lustige Leute stimmen ihn eher melancholisch.

Ernst Hürlimann wurde 1921 inmitten glücklicher Allgäuer Kühe geboren. Er selbst ist Schweizer Abstammung, kam aber schon als junger Mensch nach München, wo er heute als freischaffender Architekt sein Brot verdient. Er ißt gern und reichlich, was er in der Sauna, beim Skifahren, Bergsteigen, Radeln und Tennis wieder abspeckt.
Für die Süddeutsche Zeitung hat er seit 1947 unzählige Karikaturen angefertigt; er hat auch in Hörfunk und Fernsehen etliches vorgeführt, einige Dutzend Bücher illustriert und 5 eigene Werke produziert. Er hat Ausstellungen im In- und Ausland nicht nur besucht, sondern dort auch ausgestellt! Er hat übrigens schon mal ein Buch von Zöpfl illustriert: »Aber lebn, des möcht i bloß in Bayern«. Ansonsten kann man ihm noch nachsagen, daß er 1970 den Schwabinger Kunstpreis erhalten hat.

Helmuth Huth, geboren 1924 in der bayerischen Hauptstadt, war auf der Meisterschule von Professor Eduard Ege und besuchte auch die Akademie in München. Er war lange Zeit satirischer Zeichner beim Simplicissimus und Karikaturist in freier Mitarbeit bei verschiedenen Illustrierten. Heute ist er hauptsächlich als Maler für Kinderbücher bekannt.

Dieter Olaf Klama, geb. 1935 in Polen, Kunststudium in München, Schüler von Professor Ege. Zweimal ausgezeichnet mit dem »Deutschen Filmpreis« und mit dem »Italienischen Filmpreis« jeweils für den besten Cartoon-Film, freier Mitarbeiter bekannter in- und ausländischer Zeitungen und Zeitschriften, Illustrator des Zöpfl-Buches »Zum G'sundlachen« und zahlreicher weiterer Bücher.

Trude Richter, geboren 1912 in Krakau, studierte an der Hochschule für angewandte Kunst in Wien und war später auch 5 Jahre lang in Zürich. Als selbständige Illustratorin hat sie mehrere hundert Bücher illustriert.

Ivan Steiger, geboren 1939 in Prag; Karikaturist, Film- und TV-Dramaturg, Drehbuchautor und Regisseur. Nach etlichen Jahren des Studiums an Filmschulen und Filmakademien – ganz nebenbei schrieb er auch Erzählungen, später Drehbücher – beschäftigt er sich seit 1966 vorwiegend als Karikaturist. Seine politischen Karikaturen erscheinen regelmäßig in bedeutenden internationalen Blättern. Er ist Träger einer Reihe von nationalen und internationalen Preisen.

Die Zeichner

Josef Blaumeiser:	Seiten 7, 8, 32, 34, 35, 36, 44, 46, 47, 48, 55, 57, 63, 64, 75, 81, 91
	Seiten 15, 52, 77
	aus: Josef Blaumeiser / Anneliese Fleyenschmidt SA-TIERISCHES UND »FABEL«-HAFTES
	F. A. Herbig Verlagsbuchhandlung, München
Ernst Hürlimann:	Seiten 30, 31, 49, 69
Paul Flora:	Seiten 9, 16, 17, 20, 42, 43, 67, 73
	aus: Paul Flora, ALS DER GROSSVATER AUF DIE GROSSMUTTER SCHOSS
	© 1971 by Diogenes Verlag Zürich
Helmuth Huth:	Seiten 6, 12, 18, 19, 21, 26, 27, 38, 39, 59, 93
Dieter Olaf Klama:	Seiten 1, 10/11, 13, 23, 28/29, 37, 45, 51, 53, 54, 56, 60, 65, 89
Trude Richter:	Seiten 14, 22, 24, 25, 33, 61, 79, 85
Ivan Steiger:	Seiten 40, 41, 50, 58, 70/71, 83, 87

4. Auflage 1989

© 1980   ISBN 3-475-52307-8

Das Buch erscheint in der Reihe »Rosenheimer Raritäten« im Rosenheimer Verlagshaus Alfred Förg, Rosenheim.
Gedruckt wurde es von der Druckerei Wagner GmbH, Nördlingen, und gebunden bei der Buchbinderei Conzella, München.
Den Umschlag gestaltete Ulrich Eichberger, Innsbruck.